Lichen de macadam

Marie-Louise Montignot

© 2023 Marie-Louise Montignot
Édition : BoD – Books on Demand, info@bod.fr

Impression : BoD – Books on Demand, In de Tarpen 42, Norderstedt (Allemagne)

Impression à la demande
Illustration : Marie-Louise Montignot

ISBN : 978-2-3222-0844-9
Dépôt légal : avril 2023

*Avalant des nuages
puis recrachant des pétales
le mont Yoshino*

Buson

*Si un jour tu vois
Qu'une pierre te sourit,*

Iras-tu le dire ?

Guillevic

Whooshhh

allumée à l'autre flamme
la bougie
bleue cette fois

droit dans ses bottes wooshhh trottinette électrique

attrapé au vol le vert
du feu rouge

800 ans la cathédrale
dieu est toujours connecté
borne CB

je n'ai faim
ni de croix ni de croissant
peut-être un au beurre

en noir
de la tête aux pieds oui
les corbeaux

journée radieuse
venant de l'est
une livraison de nuages

GUERRE à nos portes
urgence creuser
une piscine avant l'été

rameau dans le bec
le corbeau aussi
veut la paix

blockhaus
à la bombe
nouvel art pariétal

le vent a avalé
plusieurs sons de cloche
é las tique l' heure

usine désaffectée
en forme d'oiseau
des vitres brisées

encore debout
un mur avec ses étages
de papiers peints

remis en main propre
le bâton
brave bête

marquant le feu rouge
deux chevaux
avec gendarmes

j'enfile un sourire neuf
et l'épingle
à chaque oreille

vaches en concert
de protestations
à la ferme voisine

bisou dans l'air jusqu'à .... toi
je ne te mangerai pas
jolie vache

chou romanesco vapeur un avant-goût fractal

les œufs dansent comme l'eau chante

pour se reposer du café il explore
les jardins de sencha

personne en vue
j'embrasse mon favori un vieux
à feuilles de chêne

retardant
le moment du cœur
chaque feuille
de l'artichaut

Dans la nuit relative

la main sur le cœur le jour où il s'arrêtera

pluie d'aiguilles dans les yeux
l'endormir
dit la véto

code barre collé
sur facture
c'était un chat

vieillesse
sur la langue
des mots trébuchent

fleurs de cimetière
soignées avec amour
sur chaque main

un cimetière
où l'herbe pousse sur les ventres
il pleut des étoiles

instable le bleu nuit dans ses yeux nouveau-nés

bébé prie
à sa façon
pieds joints

bébé deux dents
l'émail sur le mail
plus épais que sur sms

une troisième poussée dentaire
délogerait toutes les prothèses
je rêve

nuit blanche et fesses rouges
un sourire
au berceau

un petit chemin de duvet blond part de sa nuque

mouillé pas mouillé
cris de joie dans les jets d'eau
aléatoires

tout le monde est là
elle remet en fleur
sa robe d'organdi

d'une main je le caresse
de l'autre je lis

ticket de caisse comme marque-page
il vaut bien ses vingt euros

années d'apprentissage
correction
de ses post-it

(dernière minute 6/10/2022)
poussez-vous haïkus
Annie Nobel Ernaux
joie et joie

main gauche un peu lourde
déjà la moitié
du Goncourt

tombé
sur la planète Nobel 2014
le prince Modiano

les moutons
font des petits
fouillis de fils

dix euros dans un livre
changement de cachette
pour une nouvelle surprise

jour après jour
variations sur Sisyphe
le chiffon et la poussière

Saint-Saëns s'insinue
entre deux passages
de l'éponge

La monnaie de nos pièces

si électrique
dans la nuit relative
ver luisant

sablier de l'insomnie
les pensées se déforment
au passage

aspirateur à fond
la nouvelle pelouse
synthétique

hypermarché
petit conservatoire
de moineaux

une abeille en voie de sauvetage remplit le sac plastique

la fleur tremble *tremble l'ombre*

chez les escargots sujet de franche rigolade
                                                                                  la 5G

                        code code code codett
                          te regarder encore
                           en accès libre

nuages sans escale où est passée la journée

pluies diluviennes
sur les trottoirs
la monnaie de nos pièces

erreur de jeunesse
il reprend
son tatouage

son du ruisseau les pensées se rafraîchissent

imitant l'éolienne
à un certain moment
les bras se tordent

partition de la pluie
accrochée au grillage
où est la clef

A+
assez économe en énergie
mon rhésus

assise à la porte
la vieille femme attend l'aumône
d'une parole

quelques mégots
récupérés
s'en rouler une

il fait sa tête photomaton
je lui tire la langue
intérieurement

petit déjeuner il parle
à sa tranche de smartphone

replay du jour
séquences qui ont piqué du nez
hier soir

kilomètre 17
de nouvelles fleurs en plastique
et une petite croix

100% écolo   dixit   le vendeur de voitures électriques

froid glacial
juste secoué l'air
avec la fenêtre

danse endiablée
en robe de pétale
flocons tardifs

il neige
les tulipes blanches
pas si blanches que ça

ricochets sur l'étang gelé ce qui t'arrive m'arrive

Un lapin sous les narcisses

entre chien et loup un trait d'union chauve_souris

hanami
le saule un peu jaloux
du cerisier pleureur

chemin de terre cuite
par les milliers de pas
la pluie trépigne

lune de printemps
dans les jupes de sa mère
l'agneau pascal

posant le pied sur un nuage
la pluie s'agite
dans la flaque

friselis de l'eau sur le canal le temps d'un canard

cerisiers en fleur
cerisiers en fleur cerisiers
et les pruniers

pétale en cœur
collé par la pluie
sur le pas japonais

côte à côte cane canard
traVVersent le jeune étang

herbes flottantes
maman donne un cours
aux canetons

petite poule d'eau marchant sur les nénuphars
une vieille histoire

vieux jean délavé les pervenches défleurissent

à croire qu'elle va rendre l'âme à chaque cri la chouette

et le bec jaune de picorer les baies rouges lonicera

papillon blanc
sur fleur blanche
vu quand même

jonquilles en porte-voix
le soleil va finir
par entendre

l'explosion du soleil
a des retombées
boutons d'or

œuf de tulipe
un lapin sous les narcisses
la chasse commence

même sur la pointe des pieds
désolée
pâquerettes

encore zappé
la métamorphose
prêts à s'envoler
les pissenlits

globe de pissenlit
parachutant la lumière
dans le monde

chœur de caoutchouc
à notre approche
les grenouilles se taisent

jeune coquelicot
tout de soie gaufrée
détends-toi

retournant la grosse coquille d'escargot
un hôtel
à fourmis

shootée au parfum
le plein de tilleul
pour un an

tête à terre
les roses sous la pluie
Hong Kong gong

repérage
les noyers débordant largement
sur le chemin

colchique dans le pré
elle arbore
un bronzage de mer

lierre grimpant
miel
vendanges tardives

pique-nique en automne
pour se laver les mains
le Colorado

moisson maïs
peaufinant le travail
une descente de corbeaux

Cap des Mille

avant la mer les mouettes avant les mouettes impatience

l'Amérique tire la couverture   puis l'Europe   océan

tourisme reposant l'incognito

les vacances
comme il se doit
à la pliure de la carte

visite à pied de la ville
le secteur couvert
par les cartes postales

le vent se fait la main sur le dos des blés

bombe d'orage la pluie vient adoucir les mœurs

orage tournant la ronde de nuits blanches

surf en touriste à la surface de l'info

        au fin fond de la sieste
          à peine déchirants
        les cris des hirondelles

fondant même sur une vieille peau zzz repart
                              avec mon ADN

on se noie
dans ses yeux piscine hollywoodienne

ça tient debout
dos à dos
huîtres siamoises

j'aimerais ne pas voir de rouge
sous le moustique écrasé

au bord de la feuille de chêne les vagues de l'océan

récital en plein air
un rossignol
sort de sa gorge

marche arrière le sable dans mes cervicales

sentier littoral
je croise des dialogues
d'Almodovar

enfin vu le fleuve rigolo du cours moyen
Bidassoa

empreintes sur le sable
j'enfile un pied droit
je nage dedans

le désir de glace est reparti avec le train

train vers Nancy
le chef de bord
s'appelle Stanislas

chapeau de paille
sur ton visage tissées
ombre et lumière

place ensoleillée
une idée traverse
et court se cacher

Bois d'Amour
forcée de contourner un rocher
la rivière se froisse

quête du graal
tout Quimper à pied
pour une robe

Locmariaquer
quatre pierres
cognent à la gorge

Carnac
Locmariaquer
Guillevic me sourit